OLE DAMMEGÅRD

Ein Handbuch

zu dem Spiel

RE-MIND ME

(ER-INNERE MICH)

AUCH BEKANNT UNTER

MEIN LEBEN

WIE DIE MATRIX AUFGELÖST WIRD - ODER DAS ERLEBEN ERLEUCHTET - ODER LEBEN SIE EINFACH EIN BESSERES LEBEN

Mit ewiger Dankbarkeit
an das Licht meines Lebens
und meine tägliche Inspiration

Kim "Kamala"

IMPRESSUM
ORIGINAL: RE-MIND-ME
COVER: OLE DAMMEGARD
TITEL: INSPIRIERT VON DORA3
LAYOUT: ELISA BELL
DEUTSCHE VERSION: HESPER-VERLAG
2022
WWW.HESPER-VERLAG.DE

INHALTSVERZEICHNIS

Vorwort 6

DAS HANDBUCH 11

KEIN RICHTIG, KEIN FALSCH 12

FINDE DEN WEG NACH HAUSE 14

KÖRPER UND GEIST 17

EINE ILLUSION 18

ERSCHAFFE EINEN PERSÖNLICHEN CHARAKTER 21

HINTERGRUND THEMEN 24

CHAOSFAKTOR 26

DAS EGO 27

GEFÜHLE – DER INDIKATOR 29

DIE FLÜSTERSTIMME 31

GEHIRNWÄSCHE 33

KOMFORTZONE 34

VOM GEGNER ANGEGRIFFEN 36

ATTACKIERT WERDEN – EIN GUTES ZEICHEN ...38

AUCH DIES WIRD VORÜBERGEHEN 40

NUR ZWEI MÖGLICHKEITEN 42

MUSTER LÖSCHEN 44

BEWUSSTSEIN SCHAFFEN 46

FOKUSSIERE UND ES WIRD WACHSEN 48

EMPFEHLUNGEN..50

KRANKE LOGIK...52

ZURÜCK BEWEGEN 55

HALTEN SIE IHREN „FLEISCHANZUG“ GESUND... 57

KRANKHEIT – DEIN FREUND 58

TÖTEN VERMEIDEN..60

TOD 62

ONLINE-SUPPORT 64

TECHNISCHER SUPPORT...65

VERLASSE NIEMALS DIE QUELLE 66

ALLES IST EINS 68

Vorwort

NALANIE CHELLARAM

Viele von uns leiden unter Emotionen wie Angst, Schuldgefühlen, Sorgen, Gier, Eifersucht usw., wodurch wir uns sehr unwohl fühlen. Es ist von entscheidender Bedeutung, dass wir diese Probleme logisch angehen und damit umgehen lernen. Wenn wir das nicht tun, werden diese Probleme ständig die Kontrolle über unser Leben übernehmen.

Wir besitzen die Intelligenz, um unsere Gedanken und Gefühle zu entziffern. Aber wie viele von uns nehmen sich eigentlich die Zeit oder bemühen sich, dies zu tun? Gedanken machen einen Menschen aus und Gedanken haben erstaunliche Kräfte. Mit der Praxis des Yoga wird zuerst gelehrt, die Gedankenwellen zu disziplinieren und zu nutzen. Unser Verstand ist wie ein Computer und wir müssen stark genug sein, positive Gedanken einzugeben, um Viren zu sublimieren und zu zerstören.

Durch Wissen und Meditation kann man wachsen, um seine Emotionen zu verstehen und ins Positive zu wandeln, sodass ein entspanntes, friedliches und nützliches Leben gelebt werden kann. Das Leben ist zu kurz, deshalb sollten wir unsere Zeit effizient nutzen um glücklich zu sein.

Zu verstehen, dass wir alle aus derselben Quelle stammen, verwässert das egoistische Ego und führt uns zu einem neuen

Paradigma von Mitgefühl, Liebe und Dienen. Wenn dies geschieht, fällt ein inneres Leuchten auf unser Sein und macht unsere äußere Welt zum Himmel. Wie wir denken, so werden wir das ist so.

Ole Dammegård hat dieses dynamische Handbuch zusammengestellt, um zu veranschaulichen, wie das Leben in vollen Zügen genossen werden kann. Es gibt kein Urteil, keinen Plan, nur einen Fahrplan, der uns dazu führt, in dieser Welt mit dem höchsten spirituellen Verständnis zu existieren.

Sein Ziel ist es, dieses wunderbare Wissen zu vermitteln und jenen behilflich zu sein, denen der traditionelle Ansatz zu schwer verständlich ist. Ole hat das ganze Spektrum an Hindernissen und Leiden des Lebens durchlaufen und ist unversehrt und unverbittert voller Liebe und Dankbarkeit wiederaufgetaucht.

Möge dieses Büchlein vielen auf ihrem Weg zur Selbstverwirklichung dienen. Mögen viele inspiriert sein, ein spirituelles Leben in diesem irdischen Körper zu führen und die Welt mit Frieden und Freude zu erfüllen.

Om Shanti… Om Shanti… Om Shanti…

Nalanie Chellaram

1986 wurde Nalanie Chellaram offiziell eine Schülerin Seiner Heiligkeit Sri Swami Satchidananda. Seitdem wurde sie vom Lehrerrat des Satchidananda Ashram in Virginia, USA, akkreditiert. Sie ist auch akkreditierte

Lehrerin für Integrales Yoga und Therapeutin unter der British School of Yoga.

Sie ist derzeit Vorsitzende des Integral Yoga Centerin Gibraltar sowie die Gründerin des www.SISproject. org. 2008 erhielt Nalanie von Königin Elizabeth eine Ehrenmedaille für ihre „Dienste für die Menschheit".

DAS HANDBUCH

Willkommen zum Spiel „Mein Leben“, im Volksmund auch bekannt als „Er-Innere-Mich“ oder „Die Matrix auflösen“. In diesem kurzen Handbuch werden wir die Grundregeln dieses universellen Spiels umreißen. Wir werden auch einige Hinweise und nützliche Tipps geben, was zu tun ist und was nicht.

KEIN RICHTIG, KEIN FALSCH

In diesem Spiel entstanden in einer virtuellen Realität, ist nichts richtig oder falsch, alle Ereignisse basieren nur auf Ursache und Wirkung.

Der Entwickler des Spiels ist nicht daran interessiert, ein Urteil darüber zu fällen, wie es gespielt wird. Er ist nur daran interessiert, das Gleichgewicht des Lebens aufrechtzuerhalten. Und obwohl das Spiel sehr real aussehen und sich sehr real anfühlen mag, ist alles nur eine Illusion.

Der Spieler ist weder sein Körper noch sein Geist, sondern das unsterbliche Selbst, das ein wunderbares Spiel mit sich selbst spielt.

Um Abenteuer und Spannung zu schaffen, wurde die Dualität hinzugefügt sowie ein spezielles Team von Black Angels (eine Software, die installiert wurde, um den Player im Dunkeln zu halten). Diese schwarzen Engel werden manchmal als „böse Jungs“ bezeichnet.

FINDE DEN WEG NACH HAUSE

Die Hauptaufgabe des Spielers besteht darin, so viele Prüfungen wie möglich zu lösen und zu bestehen, während er versucht, seinen Weg nach Hause zu finden (Rückkehr zu seinem Ursprung).

Dies kann auf unzählige Arten erreicht werden (Wahrheit ist eine, Wege gibt es viele), indem man eine Kombination von Levels wählt, die der Spieler am unterhaltsamsten findet.

Viele Hindernisse werden der Entwicklung im Wege stehen, um die Fähigkeiten des Spielers zu optimieren und seine Ausdauer und seinen Mut zu testen. Der Fortschritt und die Entwicklung des Spiels hängen daher von der Bereitschaft des Spielers ab, seinen Verstand zu verstehen und zu beherrschen.

Auf der Hauptbühne, die auf den digitalen 3D-Bildschirm des Spielers projiziert wird (die Welt, wie wir sie kennen), wird eine Vielzahl anderer Online-Player ein- und ausgehen. Die dynamische Interaktion mit diesen Spielern erschafft eine Situation, von der der Spieler lernen möchte.

Der Schwierigkeitsgrad richtet sich nach den früheren Spielen und Leistungen (Karma) des Spielers auf einer Skala von 1 bis 10. 1 = eine Ameise, 10 = ein hochentwickelter Mensch.

Bitte denken Sie daran: Der Spieler ist immer in völliger Sicherheit und es wird dafür gesorgt, dass er das Spiel in Form von Erleuchtung „gewinnt“. Es ist nur eine Frage des Wann und Wie. Die größte Herausforderung besteht darin, aufzudecken, dass alles nur ein göttlicher Witz ist, ein Lichttrick, bei dem nichts real ist.

Und wenn Sie das erste Mal keinen Erfolg haben, machen Sie sich keine Sorgen — seien Sie glücklich. Möglichkeiten das Spiel zu spielen (Reinkarnation) gibt es genug .

Es ist nur eines erforderlich: Sie sollten es eine lange Zeit üben, ohne eine Pause und von ganzem Herzen.

Und so beginnt das große Spiel ;-).

KÖRPER UND GEIST

Der Körper (der Computer) und der Geist (das Kommunikationssystem) sind die Fahrzeuge, mit denen der Spieler diese Illusion der Realität „physisch" erleben kann.

Der Körper wurde mit zwei Arten von Speicher ausgestattet, dem RAM (der unbewussten Steuerung von Körperfunktionen usw.) und dem Prozessor (das Gehirn) zum Berechnen und Lösen von Aufgaben und Gleichungen.

Persönliche Notizen

____

____

____

____

EINE ILLUSION

Der Verstand gibt dem Spieler die falsche Erfahrung von Zeit, Form und Raum. Und sein „Körper“ ist nur ein Restselbstbild, die mentale Projektion von seinem digitalen Selbst.

Dies bedeutet, dass die „physische“ Welt, die der Spieler als außerhalb von sich selbst ansieht, nur in seinem Kopf existiert. Eigentlich sieht er gar nicht, stattdessen werden seine Augen als Projektoren verwendet, die seine manifestierten Gedanken in die sogenannte „Realität“ senden.

In der gleichen Weise atmet sein Körper nicht wirklich, er wird geatmet – genauso wie er eigentlich auch nicht denkt.

Dies geschieht hauptsächlich über das Mother-board. Es steuert die meisten Grundfunktionen und erzeugt einen stetigen Strom von etwa 60 000 Gedanken pro Tag.

Was also „echt“ zu sein scheint, sind elektrische Signale die vom Gehirn des Spielers interpretiert werden, abgegeben an eine neuronale interaktive Simulation oder eine computergenerierte Traumwelt.

Es liegt in der Verantwortung des Spielers zu entscheiden, welche Gedanken verstärkt und mit Kraft
versehen werden sollen – denn sie erschaffen seine Zukunft.

Alle Eindrücke, wie Sehen, Riechen, Hören, Berühren und Schmecken, sind gleichermaßen falsch und nur Wellenformen, die durch die Grafikkarte und die Soundkarte usw. in die virtuelle Realität decodiert werden.

Persönliche Notizen

ERSCHAFFE EINEN PERSÖNLICHEN CHARAKTER

Bevor ein neues Spiel (geboren werden) gestartet wird, benötigt der Spieler einen Computer (Körper), um spielen zu können. Der nächste Schritt ist online ins Internet zu gehen (die Matrix).

Er wird dann gebeten, ein Konto (seine Identität) zu erstellen. Sobald der Spieler eingeloggt ist, kann er beginnen, seinen eigenen Charakter zu erstellen, mit dem er das Spiel spielen wird.

Hier wird ihm eine breite Palette an Avataren angeboten, wie zum Beispiel:

Drama Queen, Opfer, Tyrann, Rebell, Held, Führer, Anhänger, Krieger, Abhängiger etc. Er kann auch aus einer Auswahl vorgefertigter Speicherbänke auswählen, um das Spektrum und die Nachteile der Dualität zu erweitern.

Fortgeschrittene Spieler, die sich schnell langweilen, haben die Möglichkeit, zwischen zusätzlichen Plug-ins (Traumata) zu wählen.

Die Vielfalt der Charaktertypen und -situationen ist im Wesentlichen darauf ausgelegt, ein aufregendes Feature zu erschaffen, das als Problem bezeichnet wird (Herausforderungen, die gelöst werden müssen, um Erfolge wie besseres Verständnis, Einfühlungsvermögen und andere Fähigkeiten zu erlangen).

Persönliche Notizen

HINTERGRUND THEMEN

Der Spieler kann dann seinen Background selbst bestimmen, wie zum Beispiel, in welchem Jahrhundert und Teil der Welt alles stattfindet – ob Krieg oder Frieden herrscht, wie lange er leben möchte, welchen Charakter seine Familie, enge Freunde, Bekannte, Neider und Feinde haben.

Der Spieler kann sich sogar Geschlecht, Aussehen, Haarfarbe, Körpertyp, Hautfarbe, Geburtsdatum, sexuelle Präferenz und religiösen Glauben auswählen. Zusätzlich kann der Spieler auch unter folgendem auswählen:

Intelligenzgrad auf einer Skala von
1-10

(1 = gehirntot, 10 = Genie)

Grad an Weisheit auf einer Skala von

1-10

(1 = Serienmörder, 10 = Heiliger)

Persönliche Notizen

CHAOSFAKTOR

Sobald alle wichtigen Auswahlen getroffen wurden, wird die endgültige Kombination einem fortgeschrittenen mathematischen Prozess unterzogen, der als Chaosfaktor bezeichnet wird.

Wenn dies erledigt ist, wird der Spieler mit einem völlig einzigartigen persönlichen Charakter ausgestattet sein — bestehend aus einer erstaunlichen Mischung verschiedener Eigenschaften.

Persönliche Notizen

____

____

____

____

DAS EGO

Damit das Spiel so lange wie möglich dauert, müssen wichtige Informationen vor dem Spieler verborgen bleiben. Der Spielentwickler hat dies erreicht, indem er eine spezielle Software (das Ego) installiert, die den Spieler veranlasst, sein wahres Ich zu vergessen, und so anfängt an Trennung und Verlassenheit zu glauben. Dies geschieht in Kombination mit dem Abschalten von neun Zehnteln der Gehirnkapazität, genauer gesagt der Teile, die mit dem Göttlichen verbunden sind.

Von nun an wird das Ego alles tun, um den Spieler zu der Annahme zu verleiten, dass er tatsächlich der Körper/Geist ist.

Persönliche Notizen

GEFÜHLE – DER INDIKATOR

Emotionen werden dann als subtile Indikatoren hinzugefügt, um dem Spieler zu helfen, auf dem „richtigen Weg" zu bleiben.

Gefühle von Ärger, Schuld, Hass, Frustration, Verärgerung und Verzweiflung sind eindeutige Anzeichen dafür, dass der Spieler den falschen Weg einschlägt, während Gefühle von Liebe, Mitgefühl, Vergebung und Empathie ihm zeigen, dass er dem richtigen Weg folgt.

Ein weiterer guter Indikator dafür, wie man das Spiel am vorteilhaftesten spielt, ist die Befolgung der Grundregel:

- Egoistische Handlungen sind schmerzhaft

- Selbstloses Handeln ist schmerzfrei

Persönliche Notizen

DIE FLÜSTERSTIMME

Die ganze Zeit über gibt eine „Flüsterstimme“ im Kopf des Spielers weise Ratschläge, um mit Bedacht zu spielen. Die meisten neuen Spieler machen den Fehler, diese subtile Stimme zu ignorieren, was häufig dazu führt, dass die zu lernenden Lektionen schwerer sind.

Eine andere Sache, auf die Sie achten sollten, ist ein clever gestaltetes Plug-in namens Schüchternheit, das sich als etwas sehr Gutes und Entzückendes tarnt, aber eigentlich ein Produkt des Egos ist, das installiert wurde, um den Spieler zu verlangsamen.

Persönliche Notizen

____

____

GEHIRNWÄSCHE

Eine der ersten Stufen heißt wachsen. Hier muss der Spieler einen Prozess durchlaufen, der als Schulbildung bezeichnet wird und in dem die Prozessoren des Spielers mit scheinbar wichtigen, aber größtenteils nutzlosen Informationen gefüllt werden.

Dies soll Ablenkung und Verwirrung hervorrufen und den Spieler dazu bringen, sein wahres Selbst zu vergessen (Gehirnwäsche).

Persönliche Notizen

____

____

____

KOMFORTZONE

Der Spieler ist schließlich darauf programmiert zu glauben, dass er ganz allein, sterblich und von den anderen Spielern und der Quelle getrennt ist.

Ohne diesen Glauben (etwas, das wiederholt wird, aber oft nicht wahr ist) könnte das Spiel nicht fortgesetzt werden, sodass der Spieler die meiste Zeit mit falschen Informationen bombardiert wird, um dies aufrechtzuerhalten.

Dies geschieht über Medien und andere Spieler wie Eltern, die Traditionen und ihre eigenen Ängste weitergeben und auf die Weise versuchen, den Spieler so untätig wie möglich zu halten.

Ein zusätzliches installiertes Plug-in wird dann in der sogenannten Komfortzone erstellt, das die falsche Wichtigkeit verstärkt, nichts Neues in Frage zu stellen.

Persönliche Notizen

VOM GEGNER ANGEGRIFFEN

Sollte sich der Spieler dazu entschließen, dies zu ignorieren und neue Level auszuprobieren, wird er sofort aus allen Richtungen angegriffen werden. Denn sie werden mit aller Kraft versuchen, ihn in die Komfortzone zurück zu zwingen.

Die Waffen, die gegen ihn eingesetzt werden, nehmen oft die Form des genauen Gegenteils dessen an, was der Spieler erreichen will.

Darüber hinaus müssen einige Spieler den hormonellen und anspruchsvollen Prozess der Reproduktion (Kinderkriegen) durchlaufen; und für die weiblichen Spieler die etwas gefürchtete Zeit der Menopause (Wechseljahre), ein spiegelbildlicher Prozess des Teenagerdaseins.

Persönliche Notizen

ATTACKIERT WERDEN – EIN GUTES ZEICHEN

Mit anderen Worten, wenn der Spieler zum Beispiel den Körpertyp ändern möchte, sagen wir von fett zu fit, wird der Spieler jetzt mit negativen Gedanken und Eindrücken bombardiert, die ihm einreden wollen, warum dies unmöglich ist.

Die meisten Spieler werden diesem Druck nachgeben, aber fortgeschrittene Spieler können dies als ein großartiges Zeichen dafür sehen, dass sie auf dem richtigen Weg sind und kurz davor stehen, ihr Ziel zu erreichen.

Wenn er also seinen Verstand korrigiert, wird sich alles andere wahrscheinlich von selbst erledigen.

Persönliche Notizen

AUCH DIES WIRD VORÜBERGEHEN

In diesen turbulenten und scheinbar schwierigen Situationen wird daher empfohlen, dass der Spieler sich auf Frieden konzentriert und folgende Worte wiederholt: „Auch dies wird vergehen, auch dies wird vergehen.“

Indem er dies tut, wird der Spieler daran erinnert, dass nichts ewig währt und dass er immer in Sicherheit ist.

Bald wird er die unsichtbaren Grenzen der Komfortzone überschritten haben und darf dann seinen Weg fortsetzen. Das natürlich nur so lange, bis er sich neuen Herausforderungen stellt.

Persönliche Notizen

NUR ZWEI MÖGLICHKEITEN

Wenn der Spieler mit Situationen und Problemen konfrontiert wird, gibt es nur zwei Möglichkeiten zur Auswahl: Liebe oder Angst. Diese beiden können nicht nebeneinander existieren. Alle anderen Gefühle sind nur Variationen.

- Angst stoppt den Fluss und die Weiterentwicklung.
- Liebe löst jede Art von Problemen und bringt den Spieler wieder in Fluss.

Es gibt unendlich viele Möglichkeiten im Umgang mit der oft schwierigen Interaktion mit den anderen Spielern. Um den Spielfluss so einfach wie möglich zu gestalten, hier ein paar allgemeine Richtlinien und Einstellungen, die Sie pflegen sollten:

- Freundlichkeit gegenüber den Glücklichen
- Mitgefühl für die Unglücklichen
- Freude am Tugendhaften
- Und die Gottlosen außer Acht lassen

Persönliche Notizen

MUSTER LÖSCHEN

Ist ein größeres Problem gelöst, darf der Spieler eine gewisse Zeit lang weitermachen, bevor er erneut mit dem Problem konfrontiert wird (oft in einer weniger dichten Form).

Auf dem Bildschirm des Spielers erscheint dann ein Pop-up mit der Meldung: „Sind Sie sicher, dass Sie dieses Verhalten/Situation wirklich löschen möchten?“ Der Spieler kann jetzt auf „OK“ oder „Abbrechen“ klicken.

· Wenn Sie auf OK klicken, wird diese Art von Situation ein für alle Mal gelöscht.

· Wenn Sie auf Abbrechen drücken, wird die Situation auf eine neue Art und Weise wieder erscheinen, bis der Spieler sich dazu entschließt, sie wirklich loszulassen.

Bitte beachten Sie: Die Lösung einiger Aufgaben kann eine Zeit in Anspruch nehmen und viel Mut und Kraft erfordern, da immer die Möglichkeit besteht:

- Vorwärtsstreben, indem man sehr, sehr hart kämpft (der Weg des Egos)
- Entspannen und sich dem Fluss hingeben (gehen Sie mit dem göttlichen Willen und folgen Sie mühelos dem Fluss zur Quelle)

Persönliche Notizen

____

____

____

____

BEWUSSTSEIN SCHAFFEN

Eine weitere wichtige Aufgabe ist es, herauszufinden, wie man Bewusstsein erschafft. Dies wird gut versteckt und nur hingebungsvollen Wahrheitssuchenden gezeigt. Aber in diesem grundlegenden Handbuch haben wir uns entschieden, neuen Spielern einige Hinweise zu geben:

Um etwas Neues zu erschaffen, muss man nur einen Wunsch aussenden und dann eine hohe Emotion hinzufügen, um die gleiche Schwingung zu erreichen wie das Ziel, das manifestiert werden soll. Wiederholte Gedanken schaffen Form, aber das Gefühl ist der wahre Schlüssel, um erfolgreich zu manifestieren.

Dies ist jedoch leichter gesagt als getan, da jedes Mal, wenn ein Spieler die Handlung des Spiels verstanden zu haben scheint, eine Dosis Amnesie hineingepumpt wird.

Persönliche Notizen

FOKUSSIERE UND ES WIRD WACHSEN

Eine der verborgenen Wahrheiten des Spiels ist jene, dass alles, worauf sich der Spieler konzentriert, an Größe und Intensität zunimmt. Ändern Sie den Fokus und das „Leben“ wird sich ändern.

Das heißt, ändern Sie den Weg, wie Sie die Dinge sehen, und die Dinge, die Sie betrachten, werden sich ändern. Auf diese Weise werden Sie das anziehen, was Sie sind.

Ein weiteres Geheimnis lautet: "Gib und dir wird gegeben, suche und du wirst finden". Wenn der Spieler also Lachen in seinem Spiel will - das Geheimnis ist, zu lachen, wenn er Hilfe braucht - geh hinaus und hilf jemand anderem, wenn er Liebe will - gib Liebe.

Geben, geben, geben ohne Erwartungen – die Zauberformel für den Erfolg auf allen Ebenen.

Persönliche Notizen

EMPFEHLUNGEN

Sollte sich der Spieler langweilen und die Entwicklung des Spiels beschleunigen wollen, wird empfohlen, dass er nach sogenannten Hackern (spirituelle Lehrer) sucht, die viele geknackte Codes und andere Abkürzungen (Enthüllungen) teilen und ihm Zugriff dazu geben.

Ein weiterer guter Vorschlag ist es, sich auf die jeweilige Situation einzustellen, sie zu akzeptieren und sich ihr anzupassen, in Kombination mit den folgenden Spielstilen:

· Keine Gewalt

· Volle Wahrheit

· Nicht stehlen

· Mäßigkeit

· Keine Gier

· Tue Gutes – sei gut

Eine weitere gute Idee und Punktesammler ist es, so viele perfekte Aktionen wie möglich durchzuführen: Das heißt, eine Aktion, die niemandem schadet, aber jemandem einen Nutzen bringt, auch dem Spieler selbst.

Persönliche Notizen

KRANKE LOGIK

Auf den verschiedenen Ebenen wird der Spieler mit vielen Anzeichen einer kranken Logik konfrontiert, die diese illusionäre „Welt" betrifft.

Mit den Worten des Schriftstellers Michael Ellner: „Alles ist rückläufig, alles ist verkehrt rum.

Ärzte zerstören die Gesundheit, Anwälte zerstören die Gerechtigkeit, Universitäten zerstören das Wissen, Regierungen zerstören die Freiheit, die großen Medien zerstören die Informationen und die Religion zerstört die Spiritualität."

Diese Anzeichen einer verdrehten Mentalität, die hinter den Kulissen herrscht und von den Schwarzen Engeln bewacht wird, werden absichtlich hinzugefügt, um den Spieler angeblich beim „Aufwachen“ zu unterstützen.

Alle 24 Stunden muss der Spieler seinen Computer in den Standby-Modus setzen, um eine Überhitzung der Prozessoren zu vermeiden und gleichzeitig die Festplatte (Träume) zu „defragmentieren.“

Wenn der Spieler müde und erschöpft ist (der Körper), wird empfohlen, die Luftzufuhr zu verstärken (Lebenskraft) oder einfach rauszugehen und anderen Spielern zu helfen.

Indem der Spieler eine helfende Hand ausstreckt, ohne eine Gegenleistung zu erwarten, gewinnt er automatisch wieder an Stärke und innerer Kraft.

Nach dem Aufladen muss der Computer neu gestartet (aufgeweckt) werden, um für die nächste Runde bereit zu sein (noch ein Tag). Der Neustart des PCs kann mündlich (Guten Morgen) oder durch körperliche Bewegung (Dehnung) erfolgen.

Persönliche Notizen

ZURÜCK BEWEGEN

Sollte der Spieler die Empfehlungen vernachlässigen, sind dies die Anzeichen dafür:

· Krankheit

· Niedergeschlagenheit

· Zweifel

· Nachlässigkeit

· Faulheit

· Wollust

· Falsche Wahrnehmung

· Bodenständigkeit verlieren

· Den Boden unter den Füßen verlieren

Diese Anzeichen werden nacheinander in einer langen Reihe aktiviert, wenn der Spieler sie nicht stoppt.

Je schneller er sich bewusst wird, was gerade geschieht, desto besser.

Da die meisten Spieler die Weiterentwicklung anstreben, ist es ratsam, mit den „richtig Gewachsenen" abzuhängen, was bedeutet, sich Spieler auszusuchen, die schon weiter entwickelt sind als man es selbst ist.

Persönliche Notizen

HALTEN SIE IHREN „FLEISCHANZUG“ GESUND

Um den Computer (Körper) in einem guten Zustand zu halten, ist es ratsam, ihn sauber zu halten und Giftstoffe zu vermeiden, denn diese verstopfen das System.

Stattdessen wird empfohlen, den Körper mit gutem Treibstoff in Form von frischem Gemüse, Obst und sauberem Wasser zu füllen.

Persönliche Notizen

____

____

____

____

____

KRANKHEIT – DEIN FREUND

Es ist auch wichtig, sich des mentalen Zustands und der Denkweise bewusst zu werden, da ängstliche/hasserfüllte Gedankenmuster schwerwiegende Fehlfunktionen sowohl im Geist als auch im Körper verursachen können.

Sie können sogar ein Game Over (Tod) verursachen.

Sogenannte Krankheiten können auch durch Bakterien oder Insekten verursacht werden, die durch die Fire Wall (Karosserie) eindringen und manchmal das System des Spielers ernsthaft beschädigen.

Um dies zu vermeiden, wurde standardmäßig ein spezielles Antivirenprogramm (das Immunsystem) installiert, das sicherstellt, dass der natürliche Zustand des Körpers durch einen wunderbaren Selbstheilungsprozess unterstützt wird.

Es gibt so viele verschiedene Möglichkeiten, mit Krankheiten umzugehen. Dem cleveren Spieler wird geraten, seine Sichtweise auf „schlechte Gesundheit“ sorgfältig zu wählen, da dies oft ein starker Anhaltspunkt dafür ist, dass er, wenn er sich in die falsche Richtung bewegt, wieder in der Angst landet.

Persönliche Notizen

___

___

___

___

TÖTEN VERMEIDEN

In diesem Spiel ist alles möglich, auch wenn es nicht empfohlen wird. Eines der wichtigsten Dinge, die man vermeiden sollte, ist das Töten anderer Spieler (Mörder). Dies gilt nicht nur für Menschen, sondern umfasst alle Arten von Lebewesen.

Das Verstoßen gegen diese Grundregel führt zu Schwierigkeiten in zukünftigen Spielen (schlechtes Karma).

In der gleichen Weise wird altes Karma aufgelöst und zukünftige Spiele werden einfacher, je mehr gute Taten der Spieler hinzufügt.

Wie bereits erwähnt, basieren die Hauptzutaten im Spiel des Lebens auf Ursache und Wirkung, eine wunderbare Einstellung, wenn sie in Kombination mit dem Zufallsgenerator, dem sogenannten freien Willen, verwendet wird.

Großes Scheitern und die Ungeduld berauben den Spieler des Vergnügens, in den Antworten zu leben. Keine Sorge, etwas Wundervolles wird geschehen. Bleibe im Vertrauen.

Persönliche Notizen

TOD

Sollte der Spieler beschließen, auszusteigen, ist dies zwar möglich, führt aber dazu, dass der Persönliche Charakter ein für alle Mal beendet wird (Tod).

Wenn der Spieler bei seiner Entscheidung bleibt, werden sein Körper und sein Geist für die anderen Spieler tot und leblos erscheinen, obwohl der Spieler selbst (der Geist) zu 100 % in Ordnung ist und einfach zur Quelle zurückkehrt – bis er beschließt, wieder mitzuspielen.

Dann muss er jedoch einen neuen persönlichen Charakter auswählen. Während dieser Auszeit kann er andere Spieler nur durch Medien oder Träume, Visionen und Meditation kontaktieren.

Persönliche Notizen

ONLINE-SUPPORT

Der Online-Support ist rund um die Uhr verfügbar und kann durch Gebet, starke wiederholte Gedanken oder Meditation kontaktiert werden.

Die Antworten werden meistens in subtiler Form kommen, was bedeutet, dass der Spieler sich der Hinweise und inneren Stupser sehr bewusst sein muss – und dann auf sie reagieren muss.

Persönliche Notizen

TECHNISCHER SUPPORT

Der Spieler hat auch Zugriff auf ein hochqualifiziertes technisches Support-Team (Engel), das ihn bei Bedarf gerne unterstützt.

Es gilt nur eine Regel: Die Engel dürfen sich nicht einmischen, ohne gerufen zu werden.

Persönliche Notizen

VERLASSE NIEMALS DIE QUELLE

Eines der Hauptziele dieses Spiels ist es herausfinden, dass der Spieler tatsächlich nichts braucht. Er ist und war immer völlig frei, unsterblich und mit der Quelle verbunden.

Denken Sie daran, alles ändert sich und alles bleibt gleich. Alles ändert sich, aber alles kehrt zurück, also seien nicht traurig, seien Sie stolz.

Zeichen eines solchen höheren Verständnisses sind das Hören von Himmelsmusik oder das visuelle Entschlüsseln der Matrix, und dies zeigt, dass wir alles erreichen können.

Sobald der Code geknackt ist, können Sie auf dem Wasser spazieren, durch Wände gehen, sich frei im Weltraum bewegen, Wasser in Wein verwandeln und es ist ein Kinderspiel von den „Toten" aufzuerstehen.

Persönliche Notizen

ALLES IST EINS

Und dann, auf der letzten Ebene des Verstehens, wird dem Spieler bewusst, dass die Intelligenz, die das Spiel geschaffen hat, tatsächlich dieselbe Intelligenz ist, mit der er denkt.

Und dass alle anderen Spieler nur andere Aspekte derselben Quelle sind.

Durch das Verständnis, dass alles eins ist, folgt die Erleuchtung und ein wunderbares Gefühl der totalen Glückseligkeit wird erreicht. Und dann…

Persönliche Notizen

____

____

____

____

GAME OVER !!!

Oder doch nicht… ?

5G Apokalypse - Aussterben nach Plan

Die 5G Technologie wurde bereits im 2. Weltkrieg eingesetzt.

Wird uns über die 5G Technologie die Wahrheit gesagt?

Und was hat 5G mit Corona und den Impfungen zu tun?

Sacha Stone, Aktivist, Redner, Verleger, Autor und Filmemacher ist Gründer der NewEarthNation, des ITNJ und Humanität. In diesem Buch, enthüllt Sacha Stone die existentielle Bedrohung der gesamten Menschheit durch 5G auf eine Weise, die wir nie für möglich gehalten hätten.

Hesper Verlag / Autor: Sacha Stone/NewEarthMedia

ISBN:978-3-3413-32-8 Preis: 17,17 Euro

Hesper Verlag

Bücher verändern die Welt…

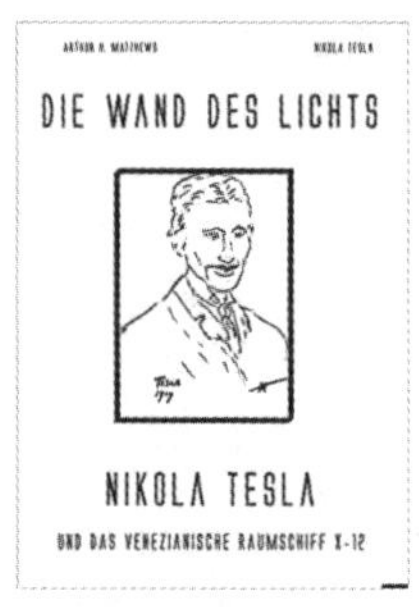

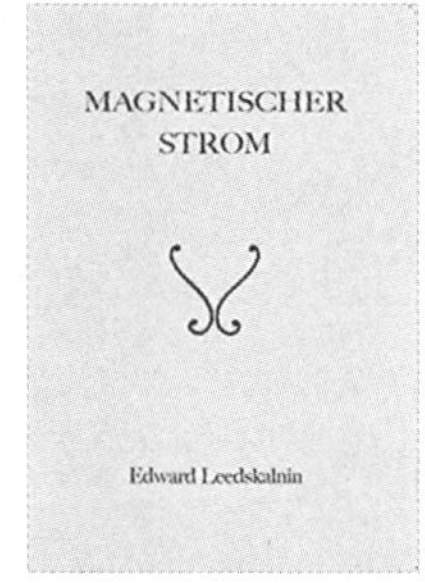

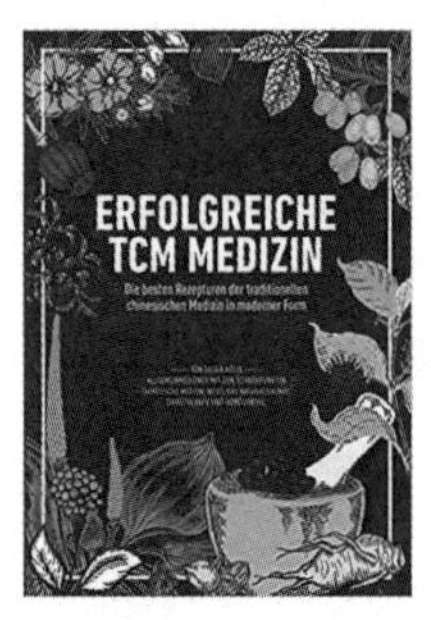

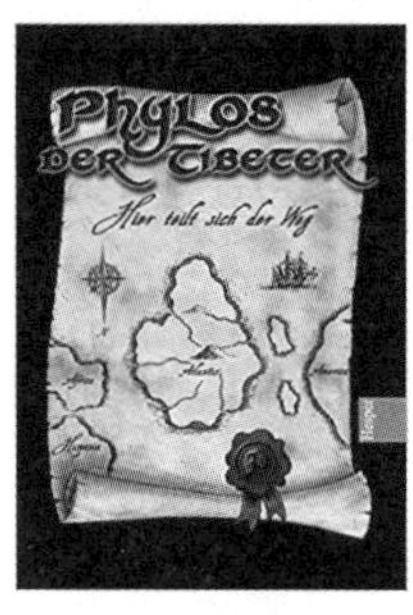

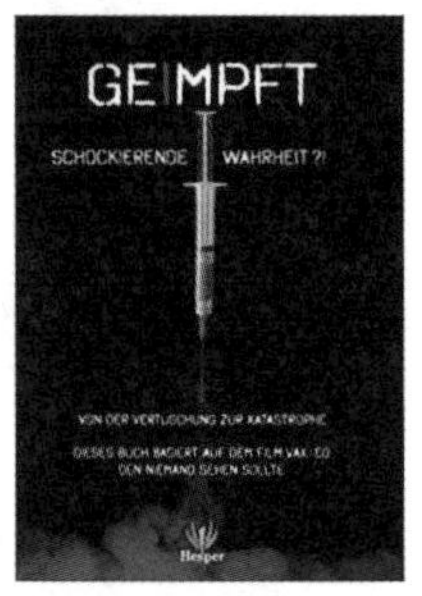

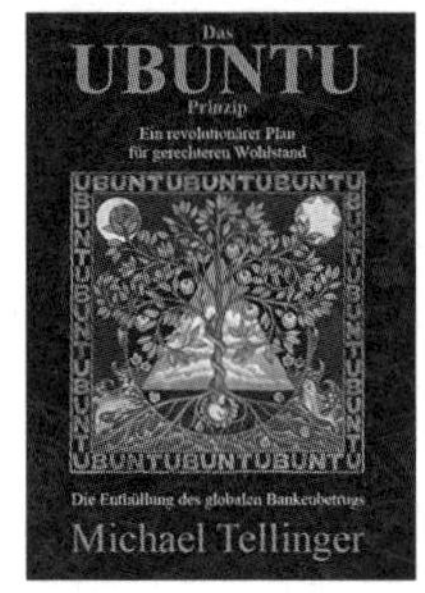

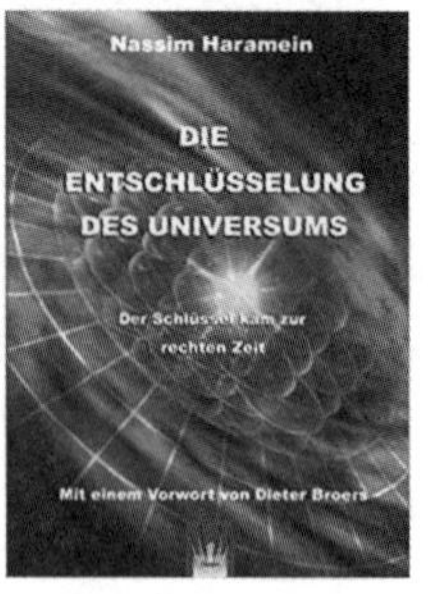

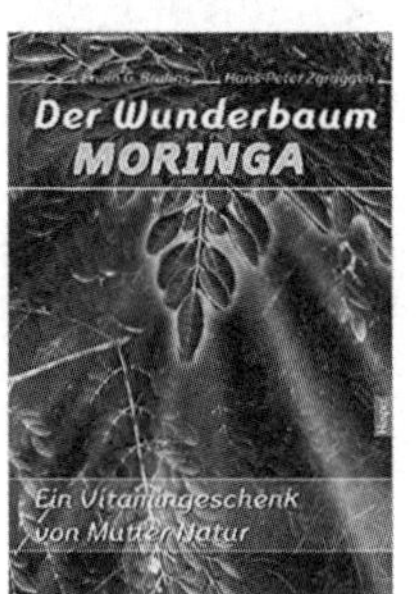

Hier eine kleine Auswahl unseres Sortiments. Besuchen sie unsere Homepage:

www.hesper-verlag.de